OLIVIER NTUMBA MUKADI

# REUSSIR

OLIVIER NTUMBA MUKADI

# REUSSIR

Éditions Croix du Salut

Cover image: www.ingimage.com

Publisher:
Éditions Croix du Salut
is a trademark of
Dodo Books Indian Ocean Ltd., member of the OmniScriptum S.R.L Publishing group
str. A.Russo 15, of. 61, Chisinau-2068, Republic of Moldova Europe
Printed at: see last page
**ISBN: 978-620-3-84245-6**

# TABLE DE MATIERE

## CHAPITRE I.

# SOCLE DE L'EDUCATION FAMILIALE

## PREAMBULE

Instruis l'enfant selon la voie qu'il doit suivre ; et quand il sera vieux, il ne s'en détournera pas (Proverbes 22 :6).

Né troisième d'une famille de sept enfants dont six garçons et une seule fille, nous avons eu la chance d'avoir des parents dont le métier en tant que corps médical, faisait de nous une famille à revenu moyen.

La permanente présence de mes frères avec qui nous partagions tout, faisait de nous des enfants vraiment comblés, ajouter à cela l'attention et l'affection de nos parents.

Cette complicité maintenue entre nous dès le bas-âge a constitué un socle très solide au-dessus duquel nos parents ont su bâtir une famille soudée.

Mes frères étaient mes plus grands amis jusqu'à l'âge de 10 ans, quand j'ai vu s'approcher de moi certains collègues de promotion avec qui nous restions souvent nous amuser après les heures de cours.

La bible dit que les mauvaises compagnies corrompent les bonnes mœurs (1corinthiens 15 :33). Il est très important de bien choisir ses amis car en très grande majorité, notre devenir dépend de notre compagnie ; « Dis-moi qui tu fréquentes je te dirai qui tu es » dit-on.

A l'aube de la puberté, la forte tendance étant celle de vouloir copier le monde avec toutes ses passions, la tempête a secoué cependant, deux choses parmi tant d'autres nous ont retenu ; la ligne de conduite reçue en famille d'une part et la peur de déshonorer les parents vu la considération à leur endroit d'autre part. En effet, jamais les parents s'étaient injuriés, moins encore querellés en notre présence.

L'influence des amis était tellement forte que notre enfance commençait à chavirer. Ils étaient pour la plupart, des enfants provenant des familles plus aisées. Ils nous ont donné le gout des biens matériels et de beaucoup d'autres choses dont nos parents n'étaient pas en mesure de nous acheter. Cela a automatiquement engendré l'envie, la convoitise, l'amour de l'argent, le complexe, bref la déroute. Et à chaque comportement de travers, des lourdes sanctions disciplinaires des parents s'en suivaient. Dans nos jours, il est bien dommage de constater que le fouet a été ôté et supprimé de l'éducation infantile. Il est pourtant clairement indiqué dans Proverbes 13 :24 « celui qui ménage sa verge hait son fils, mais celui qui l'aime cherche à le corriger » ; aussi dans Proverbes 23 :14-14 : « N'épargnes pas la correction à l'enfant ; si tu le frappes de la verge, il ne mourra point. En le frappant de la verge, tu délivreras son âme du séjour des morts ».

A la douzaine, les parents ont décidé de nous envoyer pour raison d'étude, à près de 10 kilomètres de la ville où nous habitions, dans un internat.

Séparé de la famille et des amis, nous nous sommes senti abandonnés à nous-même dans une école perdue de la périphérie de la ville où nous devrions pratiquement commencer une nouvelle vie. Des moments de séparation combien difficiles pour un pubère !

Les parents, en envoyant les enfants à l'internat, ne se doutent aucunement de gagner le pari de l'éducation tant scolaire que morale de ceux-ci ; cependant ils se trompent énormément pour la plupart de fois. En fait, un enfant qui n'a pas des solides fondements éducationnels de base trouvera cet éloignement comme étant une occasion de faire librement tout ce qu'il a toujours privé à son cœur. La responsabilité incombe donc aux parents qui doivent prier et implorer la grâce du Seigneur pour une bonne éducation et orientation de leurs enfants qui constituent pour eux des êtres précieux ayant besoin de beaucoup d'attentions. Les enfants sont en fait comme des flèches dans le carquois du chasseur.

## I.1. MA PUBERTE ET MON ADOLESCENCE

La puberté marque l'étape physiologique à laquelle l'individu est capable de procréer. Ce passage à la puberté chez les animaux est le passage à l'âge adulte ; chez les humains il s'agit du passage de l'enfance à l'adolescence. La puberté est marquée par des changements corporels importants liés à la maturité sexuelle.

A cette période précise de la vie humaine, l'Homme prend conscience de certaines réalités de la vie et au fil du temps il y a comme un voile qui tombe de ses yeux. C'est en fait l'âge de la découverte et de l'exploration. L'enfant éprouve des changements tant physiologiques que psychologiques nécessitant un encadrement adéquat.

- Changement physiologique :

Les principaux changements sont liés à la puberté. Celle-ci se caractérise par un développement des organes génitaux, une forte croissance, une pilosité se développant à certains endroits du corps ; le tout en relation avec des modifications des sécrétions hormonales.

Il nous est arrivé de constater des changements tels la pousse des poils, de la barbe, le changement de voix qui commençait à gronder, l'attraction vers les êtres du genre féminin et quelques fois même, des manifestations de pollution nocturne, etc.

A ce sujet, il convient tout de même de préciser que toute pollution nocturne n'est forcément pas liée à un quelconque symptôme de possession démoniaque. Il vaut donc mieux de discerner car en effet, l'organisme effectue certaines déjections, signe de son bon fonctionnement.

Le corps était en permanent changement ; mais il fallait une explication de tous ces phénomènes combien étranges. Fallait-il en parler aux parents ? Conservateurs de l'éthique traditionnelle qu'ils étaient, il était difficile d'échanger sexualité avec eux.

Les parents devraient savoir qu'à un âge donné, tout enfant se pose des milliers des questions et a par conséquent besoin d'avoir quelqu'un pour l'éclairer. Faute de quoi, c'est la télé, les réseaux sociaux, voire même la rue qui tailleront sur mesure le type de vie de l'enfant. Dieu merci, nous avons rencontré le Seigneur et par conséquent bénéficié d'auprès de nos encadreurs, à la lumière de la Parole, des bons conseils qui nous ont balisé le chemin d'une jeunesse réussie, par la grâce du Seigneur.

L'on a toujours besoin de l'autre dans la vie pour s'en sortir ; mais tout dépend de qui il s'agit ; « dis-moi qui tu fréquentes, je te dirai qui tu es ». Il est par conséquent important de savoir se choisir des compagnies.

En guise d'aide pour la jeunesse, nous énumérons ci-après quelques conseils pratiques :

- Bien étudier et comprendre le fonctionnement de son organisme ;

- Accepter et observer délicatement le changement de son organisme

- Bien faire le choix de sa compagnie d'une part et de ses conseillers d'autre part, car ceux-ci joueront pour beaucoup à l'orientation de la vie.

- Changement psychologique :

A côté des aspects physiques, les composantes psychologiques sont tout aussi importantes. De ce point de vue, les changements sont importants, et l'enfant doit se "familiariser" avec ces évolutions. Dans un certain nombre de cas, des problèmes surviennent, et une male-adresse chez l'adolescent peut conduire à des situations extrêmement critiques. Mais psaumes 119 :9 dit : Comment le jeune homme rendra-t-il pure son sentier ? C'est en se dirigeant d'après ta parole. La parole de Dieu est la clé d'une vie équilibrée. Quelle est ce problème qui ne peut trouver solution ? Quel est cette situation qui vous amène à l'extrême de votre vie ? Matthieu 11 :28 dit : Venez à moi, vous tous qui êtes fatigués et chargés, et je vous donnerai du repos. Prenez mon joug sur vous et recevez mes instructions, car je suis doux et humble de cœur ; et vous trouverez du repos pour vos âmes. Car mon joug est doux, et mon fardeau léger.

L'enfant grandissant, verra ses différents centres d'intérêt changer au fur et à mesure. Cet enfant qui était attaché à ses parents commencera à trouver ennuyant de les avoir à ses côtés. Il préférera se chercher des amis avec qui échanger et partager les réalités liées à son niveau d'âge. « Autre temps, autre mœurs » dit-on. A un certain âge l'on cherche à s'accommoder aux réalités contemporaines ; et cela est vraiment important dans l'étude du comportement.

Comprenant cela, tout parent devrait savoir comment encadrer et accompagner son enfant pour lui assurer un bon épanouissement. Et c'est dans cet ordre d'idée que mes parents m'ont envoyé passer mes études secondaires dans un internat.

La vie à l'internat et même à l'école constitue une véritable forgerie devant donner forme à l'avenir de l'enfant. Pour d'autre malheureusement, il s'agira carrément d'un véritable centre de déformation. On apprend en fait, des choses qui vont rester définitivement attachées à notre personne. Les parents devront donc bien veiller sur le choix des institutions auxquelles ils enrôlent leurs enfants.

## I.2. LA COMPAGNIE DANS LA JEUNESSE

Un de mes grands amis que j'ai connu à l'internat était un peu plus avancé en âge que moi et connaissait donc certaines réalités de la vie que moi j'ignorais encore. Il s'est vraiment intéressé à moi et m'a trouvé très coopératif et curieux en même temps. Il m'a parlé de ses nombreuses expériences de relation amoureuse. Il m'a appris des choses dont je n'avais jamais entendu parler ni à la maison ni ailleurs. La Parole du Seigneur déclare qu'Eve, ayant trouvé que l'arbre était bon à manger et agréable à la vue, et qu'il était précieux pour ouvrir l'intelligence, elle prit de son fruit, et en mangea ; elle en donna aussi à son mari, qui était auprès d'elle, et il en mangea aussi. Tout à coup, les yeux de l'un et de l'autre s'ouvrirent. (Genèse 3 :6-7)

Dans la vie, on a toujours quelque chose à donner, soit bonne soit mauvaise. Ce n'est pas en vain l'affirmation de Matthieu 25 :29 qui dit qu'à celui qui n'a pas on ôtera même ce qu'il a. Comme pour dire que même celui qui croit ne rien avoir, a quelque chose.

Les paroles que me transmettait mon ami m'empoisonnaient au fur et à mesure que je les entendais au point de me séduire ; car en fait, la foi vient de ce qu'on entend.

C'est alors que j'ai appris le chemin du cinéma où nous allions chaque weekend sous prétexte de retourner en famille. Dans l'obscurité du cinéma, j'assistais à plusieurs scènes de dépravation de mœurs qui affectaient de plus en plus ma vie.

Jacques 1 :14-15 dit que chacun est tenté quand il est attiré et amorcé par sa propre convoitise. Puis la convoitise, lorsqu'elle a conçu, enfante le péché ; et le péché, étant consommé, produit la mort.

Un jour, après le cinéma, il m'amena avec lui rendre visite à sa petite amie qui avait une très jolie petite sœur. Il était question selon le plan, que je m'occupe de la petite pendant que lui s'occupera de la grande. Jamais de ma vie je n'avais parlé amour avec une fille, et là c'était ce qu'on peut appeler « initiation au drague ». Pour illustrer mon ressentiment de ce jour, je puis dire que J'ai en même temps transpiré et gelé ! C'était là l'unique fois où j'ai en vain osé parler amour avec un genre opposé avant de donner ma vie à Christ.

Les fréquentations influencent de manière très soutenue, le type de personne que nous sommes appelés à devenir finalement. Un futur avocat se mettra dans le sillage des grands avocats pour en devenir un ; aussi un futur pasteur côtoiera des pasteurs de renom ; un mécanicien en devenir passera son temps dans des garages aux côtés des grands mécaniciens etc. De même, celui qui fréquente des personnes de mauvaise vie se retrouvera un jour en train de mener ce même type de vie.

C'est avec mort dans l'âme que je vais raconter ici l'histoire du jeune frère d'un ami, dont la vie s'est effritée suite aux malheureuses fréquentations :

Il était intelligent, doux de caractère, très respectueux, beau de figure et d'une belle teinte de peau, chéri de ses frères et espoir de ses parents qui voyaient en ce garçon un futur grand Homme. Il était ce genre de garçon qui ne sortait presque pas de la maison pour rien ; il revoyait ses notes régulièrement et quelques fois dans la soirée on pouvait le voir sortir faire un tour dans les rues du quartier, saluant tout le monde qu'il rencontrait.

Nous n'avons pas compris ce qui s'était réellement passé dans sa vie quand subitement on a remarqué qu'il avait changé de coiffure et commençait à s'habiller de manière assez extravagante accompagné d'une cigarette à la lèvre. Le garçon avait piqué une crise d'adolescence et n'a malheureusement pas bénéficié d'un accompagnement adéquat. Les amis qu'il fréquentait n'avaient rien à comparer à ses qualités louées ci-haut. Petit à petit, il était devenu méconnaissable et personne dans le quartier n'arrivait à croire à ce spectacle. L'influence de sa compagnie était telle qu'il a fini par abandonner ses études et a commencé à passer ses journées dans l'alcool et la drogue. Hélas, au moment où je couche ces écrits, le garçon est pratiquement devenu à fleur d'âge, « un troublé mental ».

Triste histoire ! Voilà une vie gâchée, un espoir envolé, une fierté piétinée, une jeunesse perdue.

Mais la bonne nouvelle est que Jésus est venu pour chercher et sauver ce qui était perdu (Luc 19 :10). Si vous vous trouvez dans une situation similaire, tournez-vous vers Jésus et il vous sauvera. Il suffit de confesser ses péchés (1Jean 1 :9) et de lui ouvrir la porte de son cœur (Apocalypse 3 :20).

# CHAPITRE II.

# VIRAGE A CENT QUATRE-VINGT DEGRE

## II.1. MA REPENTANCE

L'évangile qu'annonçait Jean Baptiste était simple. Il disait : Repentez-vous car le royaume de cieux est proche (Matthieu 3 :2). Nous comprenons ici le verbe repentir comme étant le changement total d'une direction donnée. C'est à l'exemple d'une personne qui se dirigeait vers l'Est et après avoir appris que la bonne direction était celle de l'ouest, elle se retourne pour l'emprunter.

Jean 3 :16 : Car Dieu a tant aimé le monde qu'il a donné son Fils unique, afin que quiconque croit en lui ne périsse point, mais qu'il ait la vie éternelle. Hébreux 3 :7-8 : Aujourd'hui, si vous entendez sa voix, n'endurcissez pas vos cœurs. I Corinthiens 5 :17 : Si quelqu'un est en Christ, il est une nouvelle créature. Les choses anciennes sont passées ; voici, toutes choses sont devenues nouvelles.

De nature calme et réservé, j'ai été élevé dans une famille défendant les valeurs chrétiennes. Et c'est dans cette optique je crois, que mes parents m'avaient envoyé à l'internat d'une école protestante de la ville de Bukavu, l'Institut Bwindi, où j'ai passé six années avant de décrocher mon diplôme des Humanités Scientifiques.

Dans cette école, je faisais toujours des bons résultats et étais bien apprécié de tous ; malheureusement côtoyant toujours les mauvais amis. J'éprouvais tout de même un certain intérêt à assister aux activités ecclésiastiques qui se tenaient à l'internat mais cela n'a aucunement fait de moi un enfant de Dieu. Mais les différents enseignements bibliques que je suivais ont constitué une sorte de balisage de ma voie vers Jésus. Il ne s'était pas passé deux années que j'avais rencontré Jésus. Il avait frappé à ma porte et m'a demandé si je pouvais le laisser entrer. Apocalypse3 :20

Tout s'est passé en 1991 ; je revenais de l'internat suite à la grève des enseignants lorsqu'un cousin proche à moi m'a confié qu'il avait quelque chose de très important à me dire. Il me parla de la séparation de l'Homme d'avec Dieu depuis le jardin d'Eden, de l'amour de Dieu pour l'Homme malgré ses péchés au point d'envoyer Jésus pour le salut de l'humanité entière. Sans Jésus, la vie de l'Homme est vouée à la condamnation et à la mort éternelle ; mais en l'acceptant, l'on devient automatiquement enfant de Dieu, citoyen du ciel et en même temps, exempte de toute condamnation. (Jean 1 : 12, Romains 8 :1)

Et il me demandera alors si je pouvais accepter Jésus comme mon Seul Seigneur et Sauveur. A l'instant où il me parlait, j'avais comme l'impression qu'il se passait une sorte de transfiguration de ma personne. J'étais envahi par plus qu'un sentiment de joie, de paix et de suffisance qui me traversait. J'avais alors accepté l'appel et Jésus était entré dans ma vie. C'était le plus beau jour de ma vie car désormais il vit en moi.

Aujourd'hui encore, Jésus t'aime et il peut aussi te rencontrer selon qu'il dit : Voici, je me tiens à la porte, et je frappe. Si quelqu'un entend ma voix et ouvre la porte, j'entrerai chez lui, je souperai avec lui, et lui avec moi. (Apocalypse 3 :20)

Nonobstant la vie que tu mènes, ainsi que le mal le plus profond que tu aurais commis, il est disposé à te pardonner et à rebâtir avec toi une nouvelle vie sur des nouvelles bases. Esaïe 43 :18-19 dit : Ne pensez plus aux événements passés, et ne considérez plus ce qui est ancien. Voici je vais faire une nouvelle chose. Crois seulement et le pardon des péchés te sera accordé afin de te permettre d'ouvrir une page vierge sur laquelle tu pourras écrire ta nouvelle histoire avec Jésus ; sois béni.

## II.2. ELOIGNEMENT D'AVEC L'ANCIENNE COMPAGNIE

L'une de choses frappantes que j'avais remarquées après ma venue à Christ est l'éloignement de pratiquement tous mes anciens amis. Ont-ils trouvé en ma personne quelqu'un de pas très amical ? Je ne pense pas ; ont-ils peut être trouvé en moi une maladie contagieuse au point de me fuir ? Loin de là. La vérité est que si quelqu'un est en Christ, il est une nouvelle créature ; les choses anciennes sont passées ; voici, toutes choses sont devenues nouvelles. (2 Corinthiens 5 :17)

Il est vrai que tout le monde t'abandonnera, te rejettera et te déconsidérera ; mais Jésus-Christ ne t'abandonnera pas, il sera avec toi tous les jours jusqu'à la fin des jours. (Matthieu 28 : 20)

Il a dit que vous serez haïs de tous à cause de son nom mais celui qui persévérera jusqu'à la fin sera sauvé. (Matthieu 10 :22)

L'apôtre Pierre se mit à dire à Jésus : Voici, nous avons tout quitté, et nous t'avons suivi. Jésus répondit : Je vous le dis en vérité, il n'est personne qui, ayant quitté, à cause de moi et à cause de la bonne nouvelle, sa maison, ou ses frères, ou ses sœurs, ou sa mère, ou son père, ou ses enfants, ou ses terres, ne reçoive au centuple, présentement dans ce siècle-ci, des maisons, des frères, des sœurs, des mères, des enfants, et des terres, avec des persécutions, et, dans le siècle à venir, la vie éternelle. (Marc 10 :28-30). Chers enfants de Dieu, tenons bon, le meilleur est à venir.

## II.3. LA VIE DE CHRIST

Ce fut à Antioche que pour la première fois, on parla du mot « chrétien » qui veut dire comme Christ. C'est le qualificatif qui a été donné à ceux-là qui s'étaient fait remarqués par leur manière de vivre à l'exemple de Christ ; car en effet, le chrétien est cette lampe qui est placée sur la table et qui éclaire la maison entière ; Il ne peut passer inaperçu. Ma vie était donc appelée à ressembler à celle de Christ.

L'objectif poursuivi dans la vie chrétienne est très loin d'être matériel. En effet, l'amour de Dieu manifesté en Jésus Christ pousse notre Etre à continuellement s'élever vers lui par une profonde reconnaissance de ses bienfaits pour nous. C'est ainsi qu'un Né de nouveau aspirera au divin car cela est sa nouvelle nature et s'accommodera toujours à la volonté de Dieu. Il cherche premièrement le royaume et la justice de Dieu ; et toutes les autres choses lui seront données par-dessus (Matthieu 6 :33). Il veut plaire à Dieu, il veut demeurer dans sa présence, il veut chanter des cantiques et des hymnes donnant gloires à Dieu, il veut faire du bien aux autres, il veut donner à Dieu, il est prêt à se sacrifier pour Dieu, et pour les autres aussi. Ce sont là les œuvres manifestes de la vie chrétienne.

Le Seigneur Jésus a dit, en montant au ciel, qu'il allait nous préparer une place et qu'il reviendra nous chercher pour que là où il sera, nous y soyons aussi.

La vie de Christ n'est autre que cette intimité permanente avec le Seigneur en vue de marcher quotidiennement dans ses voies pour être compté parmi ceux-là qui vivront avec lui dans la félicité éternelle.

L'évangile selon Matthieu 22 :1-14 nous parle d'un roi qui avait organisé des noces pour son fils et il envoya ses serviteurs appeler ceux qui étaient invités aux noces ; mais ils ne voulurent pas venir. Comme ils ne voulaient pas, il envoya donc ses serviteurs dans les carrefours, appeler aux noces tous ceux qu'ils trouveraient. Ces serviteurs allèrent dans les chemins, rassemblèrent tous ceux qu'ils trouvèrent, méchants et bons, et la salle des noces fut pleine de convives.

Nous faisons parties de ces convives de la dernière heure. Il n'avait jamais été question que nous soyons comptés parmi les convives. Mais, par grâce, l'élection souveraine de Dieu a porté le choix sur nous (Romains 11 :5-6). Le roi entra pour voir ceux qui étaient à table, et il aperçut là un homme qui n'avait pas revêtu un habit de noces. Cet homme-là a fini dans les ténèbres du dehors.

Nous avons le plein devoir de nous vêtir de l'habit de noces pour avoir part à cette rencontre de l'époux au grand jour de l'avènement du Seigneur Jésus-Christ.

Nous avons besoin de nous vêtir d'amour, de sainteté, de justice, d'équité, … Valeurs que nous considérons comme très chères à la vie chrétienne. C'est alors seulement que l'on pourra nous pointer du doigt et dire : ceux-là sont des chrétiens.

Désormais, je devrais parler, marcher, penser, bref vivre comme Jésus. Cette dimension étant à rechercher continuellement car la chair d'une part et notre ennemie le diable d'autre part, ne nous laisseront pas l'atteindre si facilement.

En effet, par rapport à la chair, celle-ci a des désirs contraires à ceux de l'Esprit, et l'Esprit en a de contraires à ceux de la chair ; ils sont opposés entre eux, afin que vous ne fassiez point ce que vous voudriez (Galates 5 :17). Il s'agit d'un perpétuel combat qui ne prendra fin qu'après être retourné au Père.

Il reviendra désormais à la personne voulant vivre la vie de Christ de se considérer comme un poisson vivant dans un aquarium. Tant qu'il demeure dans l'eau, le poisson sera en sécurité.

## II.4. ENNEMI PERMANENT AUQUEL FAIRE FACE

Un ennemi est une personne qui veut du mal à quelqu'un, qui cherche à lui nuire, qui lui est très hostile. Par rapport à notre ennemie le diable, il est dit clairement : Malheur à la terre et à la mer ! Car le diable est descendu vers vous, animé d'une grande colère, sachant qu'il a peu de temps (Apocalypse 12 :12) ; il rode nuit et jour autour de nous comme un lion rugissant cherchant qui dévorer. Heureusement pour nous, notre Rédempteur est vivant et il se lèvera le dernier ; car il ne sommeil ni ne dort celui qui nous garde.

C'est la raison même pour laquelle dans Matthieu 10 :16, Jésus dit à ses disciples : je vous envoi comme des brebis au milieu des loups ; soyez donc prudents comme les serpents. Ces loups sont une réalité beaucoup plus encore en ces jours de la fin de temps ; et vous les reconnaîtrez par ceci :

- Ils font des grands prodiges et des miracles, au point de séduire, s'il était possible, même les élus ; car il s'est élevé de faux Christs et de faux prophètes ;

- Ils séduisent le peuple de Dieu par l'apostasie, des enseignements qui font plaisir aux oreilles mais émaillés d'hérésies et de toute sorte de fausseté ;

- Ils ferment aux hommes le royaume des cieux ; ils n'y entrent pas eux-mêmes, et n'y laissent pas entrer ceux qui veulent entrer ;

- Ils dévorent les maisons des veuves, et font pour l'apparence des longues prières ; à cause de cela, ils seront jugés plus sévèrement ;

- Ils s'intéressent à la dîme, aux offrandes et laissent ce qui est plus important dans la loi à savoir, la justice, la miséricorde et la fidélité : c'est là ce qu'il fallait pratiquer, sans négliger les autres choses ;

- Ils nettoient le dehors de la coupe et du plat, et au dedans ils sont pleins de rapine et d'intempérance ;

- Ils ressemblent à des sépulcres blanchis, qui paraissent beaux au dehors, et qui, au dedans, sont pleins d'ossements de morts et de toute espèce d'impuretés ;

Ces loups ont reçu pour mission de la part du diable, la déstabilisation des vies, la destruction des foyers, la division dans l'église du Christ, la rupture des couples, l'aveuglement et le détournement des brebis, le refroidissement de la foi et de l'amour, bref l'éloignement des chrétiens d'avec leur Dieu pour faire régner le royaume des ténèbres.

C'est ici donc qu'intervient la dimension de la prudence du serpent dont a parlé le Seigneur. En effet, le serpent est un animal doté d'un sens très avéré de vigilance. Il sait détecter le moindre bruit à l'approche d'un probable ennemi, et il se cache tout de suite pour parer à toute attaque éventuelle.

Soyons prudent, car l'ennemi est réel et s'est même infiltré dans l'Eglise ; c'est pourquoi, lorsque vous verrez l'abomination de la désolation, dont a parlé le prophète Daniel, établie en lieu saint, faites attention. (Matthieu 24 :15)

## II. 5. LE PECHE

« Et l'Eternel dit à Caïn : Pourquoi es-tu irrité, et pourquoi ton visage est-il abattu ? Si tu agis bien, tu relèveras ton visage, et si tu agis mal, le péché se couche à ta porte, et ses désirs se portent vers toi ; mais toi, domine sur lui. » Genèse 4 : 6-7.

« Mais toi, domine sur lui » est la recommandation de Dieu vis-à-vis de Caïn qui malheureusement, a plutôt cédé à la pression du péché.

Le péché est simplement la transgression de la loi de Dieu, la désobéissance à la volonté de Dieu. Et pour y arriver il y a 4 étapes décisives : (Jacques 1 :13-15)

- la pensée
- la convoitise
- la délibération
- l'action.

D'aucun dirait par exemple : « je ne me suis limité qu'à y penser mais je ne l'ai pas fait ». Ou encore : « j'ai juste convoité mais je ne suis pas allé plus loin ». En vérité, ils ont tort ceux qui le disent car Christ a éclairé notre lanterne à ce sujet en disant dans l'évangile selon Matthieu 5 :27-28 : « Vous avez appris qu'il a été dit : Tu ne commettras point d'adultère. Mais moi, je vous dis que quiconque regarde une femme pour la convoiter a déjà commis un adultère avec elle dans son cœur ». Ce qu'il y a à faire donc pour vaincre le péché, c'est de le combattre déjà au niveau de la pensée. Chrétien, dans la mesure du possible, il convient de bien contrôler ses pensées car, du cœur proviennent toutes les sources de la vie ; tant bonnes que mauvaises. Savoir gérer ses pensées est le premier pas vers la victoire sur le pécher.

Cependant, si après avoir consommé le péché s'en suit le regret, cela implique qu'on est de Dieu et qu'il y a lieu de confesser et de se repentir.

Si par contre l'on trouvait normal l'acte commis, alors il vaut mieux comprendre qu'il y a un fossé entre nous et Dieu. Et cette situation devrait être très inquiétante pour quiconque se réclame de Dieu.

Du récit de Caïn et Abel nous pouvons retirer plusieurs leçons importantes de la vie :

- La faveur de Dieu n'est pas facteur d'âge, ni de la race ni rien de tout cela, mais plutôt de la souveraineté de Dieu. Il fait grace à qui il veut ;
- L'on ne choisit pas ses parents ni ses frères ; ils sont ce qu'ils sont, nous devons les accepter et faire avec ;
- Chaque personne a son jour de naissance et son jour de décès, différemment de celui de l'autre ; point n'est donc besoin de vouloir se comparer aux autres et vivre comme eux ;

- Etre grand, être petit ; sont deux inséparables réalités de la vie évoluant ensemble. Les accepter sportivement réduirait suffisamment d'innombrables complexes dans la vie ;

- L'on n'est pas obligé de suivre la même voie suivie par d'autres pour réussir ; chacun a une destinée attachée à son parcours ;

- Il vaut mieux savoir accepter le succès d'autrui et s'en réjouir plutôt que d'en avoir le cœur bombé ; aujourd'hui est son tour et demain sera le tien, patiente encore ;

## II.6. PRINCIPES D'UNE VIE DE SANCTIFICATION ET DE CONSECRATION

Selon le livre aux Hébreux 12 :14, il est vivement recommandé de rechercher la paix avec tous, et la sanctification, sans laquelle personne ne verra le Seigneur.

De ce passage aux hébreux, il convient de souligner que : Nous ne sommes que des simples pèlerins voyageurs sur cette terre pour un temps très éphémère ; et nous rendrons compte de ce qu'aura été notre passage sur terre. L'apôtre Jacques considère la vie de l'homme comme une vapeur qui s'élève puis qui se dissipe dans les airs (Jacques 4 : 14) ; comme une fleur qui paraît très jolie le matin, mais qui, au coucher du soleil, elle fane et perd son éclat, puis ne reste plus qu'en souvenir.

Par ailleurs, l'apôtre Paul dit : « Ne savez-vous pas que ceux qui courent dans le stade courent tous, mais qu'un seul remporte le prix ? Courez de manière à le remporter. Tous ceux qui combattent s'imposent toute espèce d'abstinence, et ils le font pour obtenir une couronne corruptible ; mais nous, faisons-le pour une couronne incorruptible. Moi donc, je cours, non pas comme à l'aventure ; je frappe, non pas comme battant l'air. Mais je traite durement mon corps et je le tiens assujetti, de peur d'être moi-même rejeté, après avoir prêché aux autres ». 1 Corinthiens 9 :24-27

Il ressort de ce qui précède que la vie est considérée comme une compétition délimitée dans l'espace et dans le temps. Et face à cette réalité, le chrétien est appelé à s'imposer une certaine discipline pour arriver à l'emporter. Ci-après quelques principes indispensables pour une vie de consécration :

• Accepter et recevoir Jésus-Christ comme Sauveur et Seigneur personnel (Jean 3 :16 ; Romains 10 :9-11)

• Se repentir de son ancienne vie et vivre une vie nouvelle (II Corinthiens 5 :17 ; Romains 12 :2)

• Etre rempli du Saint-Esprit (Ephésiens 5 :18)

• Renoncer au monde, porter sa croix et suivre Jésus (Matthieu 16 : 24)

• Aimer la prière et le jeune (I Thessaloniciens 5 :17)

• Aimer la vie de sacrifice (1Corinthiens 9 : 27)

• Ecouter et méditer la Parole de Dieu (Josué 1 :8-9)

• Faire confiance en Dieu et l'associer dans tous les domaines de la vie (Psaumes 125 : 1)

• Pratiquer la communion fraternelle (Hébreux 10 :24-25)

Là sont les quelques principes auxquelles le chrétien devra s'attacher tout en notant qu'il ne vit plus désormais pour lui-même mais pour Dieu. Ceci lui permettra de courir de manière à remporter le prix.

# CHAPITRE III.

# TRAVAILLER SA REUSSITE

## III.1. SURPRISES PAS TOUJOURS AGREABLES

La vie de l'homme est sujette à plusieurs événements tant heureux que malheureux. Dieu a fait l'un comme l'autre ; qui s'y opposera ? Il est le Maitre des temps et des circonstances. Job l'a si bien dit.

Mon jeune frère, alors cadre dans une banque de la place, avait une carrière très alléchante considérant le succès qui l'accompagnait tout au long de son parcours professionnel. Il était très brillant et avait beaucoup de projets. Les parents ainsi que plusieurs membres de la famille avaient bénéficié de son assistance. Et la dernière fois où l'on s'était vu c'était pour qu'il m'annonce son programme de mariage qui devrait intervenir très incessamment. Nous en avions beaucoup discuté et il a bénéficié de tous les conseils de ma part. Le lendemain je recevrais un appel m'annonçant son admission dans un hôpital où il trouvera la mort. Il avait commencé la construction d'une maison qu'il n'habitera jamais, et c'est tout un avenir qui s'écroulait !

Depuis, nous avons compris que la vie est comme tenante au bout d'un fil. Et il suffit seulement que ce fil se rompe pour que tout soit fini. Nous devrons y réfléchir et craindre Dieu.

De manière volontaire ou non, l'être humain subit deux types d'événement ; ceux malheureux et ceux heureux.

Comme événement malheureux nous pouvons citer à titre d'exemple : les échecs, la honte, l'humiliation, un vol, un viol, un deuil, une chute dans ses activités, la perte d'emploi, la perte d'argent, la maladie, le divorce, la crise etc.

Comme événement heureux nous pouvons citer à titre d'exemple : la réussite, le couronnement, la fête, l'élévation, un accouchement, un gain d'argent, la réception d'un cadeau, l'obtention d'un diplôme, la prospérité dans ses activités, l'obtention d'un travail etc.

En effet, il n'est pas très recommandé de trop focaliser ses pensées sur ce qui est passé. Nous devrions plutôt nous en servir comme base de données auprès de laquelle recourir pour résoudre des problèmes à venir.

Lorsqu'on est trop focus sur les heureuses expériences, il y a risque de croire qu'on a déjà atteint le top, ce qui entrainerait de l'indolence et un relatif relâchement. Cependant, la bonne façon d'utiliser ces vielles expériences serait de s'en inspirer pour faire davantage. Mieux, considérer n'avoir encore rien fait pour booster notre volonté à redoubler d'effort.

Par ailleurs, le fait d'être trop focus sur les malheureuses expériences, donne une tendance au découragement, voir au désespoir. Le mieux à faire sera d'apprendre de ses échecs pour mieux affronter l'avenir.

Faisant allusion à un véhicule disposant d'un pare-brise et d'un rétroviseur, essayons de comprendre quelques vérités tirées de la différence du dimensionnement les caractérisant. En effet le rétroviseur est de petite dimension simplement parce que ce qui est passé n'a pas plus d'importance que ce qui est à venir. Le pare-brise quant à lui, nous donne une grande vue sur ce qui est à venir. Tout conducteur voulant atteindre sa destination devra beaucoup plus garder son regard vers l'objectif et trop peu se référer à l'arrière. Pensons-y.

## III.2. ENNEMIS DE LA REUSSITE

Toute personne normale de manière tout à fait naturelle, envisage d'atteindre un niveau beaucoup plus considérable que celui auquel il se trouve. Cela devra être l'objectif de tout jeune qui se veut important et utile à la société. Cependant cela requiert un certain nombre d'abnégations et de dévouements. Certes il y a plein de facteurs pouvant jouer pour beaucoup à la réalisation des objectifs fixés. Mais dans le cadre de notre réflexion, nous avons estimé édifiant d'épingler quatre faits qui amènent souvent à passer à côté de sa destinée :

- Croire que sa situation est inchangeable : plusieurs exemples de la bible nous montrent que Dieu est en mesure d'opérer des miracles selon qu'il est dit dans Luc 1:17 que rien n'est impossible à Dieu ; et dans Marc 9:23 tout est possible à celui qui croit.

Quelle que soit la situation dans laquelle l'on se retrouve présentement, il y a toujours un exemple de la Parole de Dieu auquel l'on peut se référer et comprendre que s'il y a des gens qui ont traversé une similaire situation et qui ont su s'en sortir, ce que nous y arriverons aussi certainement. C'est juste une question de temps et de circonstance que Dieu peut orchestrer à volonté et différemment dans la vie de tout un chacun.

La foi, selon Hébreux 11, est une ferme assurance des choses qu'on espère, une démonstration de celle qu'on ne voit pas. Il est donc important de penser et même de parler positivement par rapport à ce que l'on espère.

Au-devant de la maison que nous habitions se trouvait un espace bien pour garer un véhicule. Et dans mes pensées je me voyais chaque fois revenir en voiture et parquer à cet endroit. A partir de ce moment-là je ne cessais de répéter à mon épouse que j'achèterai un véhicule que je parquerai à cet espace. Et pendant ce temps j'avais un travail qui ne me permettait que de manger et de payer difficilement mon loyer. J'ai tellement parlé et confessé cette réalité au point que Dieu nous a béni avec un autre travail qui m'a permis enfin de compte d'acquérir notre première voiture. Le jour où je rentrais dans la parcelle et que je plaçais le véhicule à l'endroit, j'ai eu de larme aux yeux car je venais de voir se réaliser un vieux rêve.

• Croire que les bonnes choses ne sont réservées qu'aux autres : il est important de signaler qu'un héritier n'est pas différent d'un esclave quand il n'a pas encore pris conscience qu'il est l'héritier de son père. Quiconque reçoit, accepte et croit au Seigneur Jésus devient enfant de Dieu et par ricochet Heritier de Dieu. Tu as droit à toutes les bénédictions célestes. Il est donc de ton plein droit de réclamer et de jouir de toutes les bonnes choses promises à ceux qui appartiennent au Seigneur.

• La peur d'affronter l'avenir : face à la réalité qu'il avait devant lui, Josué avait toutes les bonnes raisons d'avoir peur d'autant plus que Moise, son mentor n'était plus. Mais le

Seigneur lui dit dans le livre de Josué 1:6 : Fortifie-toi et prends courage. Josué n'oserait pas, il aurait loupé une grande occasion de marquer l'histoire de sa génération. Tu as tout le potentiel voulu pour ce que tu as comme ambition. Mais ce qu'il te manque c'est le gout du risque. Une chose à savoir est qu'un ruban est déjà tendu et n'attend que toi pour le couper et inaugurer une nouvelle ère dans l'histoire de ta vie. Sais-tu que la mise en œuvre de tes pensées et projets fera de toi pionnier dans ton domaine de prédilection. Penses-y un instant.

- Croiser les bras et attendre : il y a une parole de sage qui dit : celui qui n'avance pas, recule ; celui qui ne construit pas détruit. En effet, le fait de ne rien faire abrutit, avilit et diminue l'Homme ; parce qu'en fait un tel Homme sera un sujet de mépris dans la société. Nous pouvons aller plus loin en disant qu'une eau qui stagne est plus impure que celle qui coule. Celle en mouvement amène toute la saleté qu'elle dégage vers la rive pendant que celle qui stagne favorise la multiplication de microbes et toutes autres impuretés. Un voyage de 1000km a toujours commencé par un, dit-on.

## III.3. SORTES DE COMBAT

« La vie est un combat ». Cette courte phrase a traversé des décennies et continue à faire parler d'elle dans le milieu des êtres humains. Nous l'empruntons aussi dans le cadre de notre réflexion pour confirmer certes, que la réussite dans la vie n'est pas un acquis mais elle se mérite. Et quand on parle de mérite cela sous-entend un préalable combat remporté.

Et dans ce combat, les batailles se font à plusieurs niveaux que nous regroupons à deux. La bataille exogène (livrée à l'extérieur de soi) et celle endogène (livrée à l'intérieur de soi).

- Bataille exogène : Tout au long de la vie, l'Homme est appelé à se battre pour nouer les deux bouts du mois. Cet état de chose tire son origine de la genèse de la vie sur terre quand Dieu dit à l'Homme dans genèse 3 :17 : « Le sol sera maudit à cause de toi. C'est à forces de peine que tu en tireras ta nourriture tous les jours de ta vie ». On est donc appelé à faire face à toutes les contraintes de la vie de manière à en tirer notre profit pour la survie.

C'est ainsi qu'on se réveillera tous les jours tôt malgré la fatigue, pour aller au lycée, à l'université ou au travail. On se battra pour trouver un moyen de transport, on bossera durement pour faire des bons résultats et pour être promus. On s'arrangera pour faire des extras à gauche et à droite pour réunir un montant susceptible à subvenir aux besoins de la famille. Le faire n'est pas pécher, bien au contraire nous appliquons la Parole de Dieu qui dit que celui qui ne travaille pas ne mange pas non plus. Et donc ce type de combat est constitué des différentes batailles se faisant en dehors de soi, contre les réalités rencontrées. Mais il existe un autre niveau auquel doit se mener le combat.

- Bataille endogène : Tout comme le combat contre les aléas extérieurs favorise le gain de la vie, ainsi en est-il du combat contre les forces et attitudes négatives enfuies en nous, pouvant contribuer à un éventuel échec.

En effet, quand l'apôtre Paul dit dans 1 Corinthiens 9 :27 qu'il traite durement son corps, c'est une illustration très éloquente du combat que nous devons mener contre soi-même. Nous disons le combat contre tous les vices et imperfections pouvant affecter très négativement la réalisation d'un objectif. Pour qui veut aller plus haut, s'impose la lutte contre la peur en soi, pour qui veut entreprendre, s'impose la lutte contre toute sorte de découragement et d'indolence, pour qui veut faire des exploits, s'impose la lutte contre le doute, pour qui veut vivre en paix avec les autres, s'impose la lutte contre la médisance, pour qui veut apprendre s'impose la lutte contre l'orgueil, pour qui veut vivre en harmonie dans son couple, s'impose la lutte contre l'infidélité, le mensonge, l'inattention etc. Tous ces antivaleurs sont en fait des ennemis qui ne se trouvent pas en dehors mais à l'intérieur de nous. Il vaut mieux commencer par les vaincre avant d'espérer vaincre l'ennemi du dehors. Car dit-on le premier ennemi de l'Homme c'est celui de sa propre maison.

Le parcours est un trajet que peut effectuer un véhicule ou une personne donnée. Pendant ce parcours le véhicule rencontrera des montées, des descentes, des virages à gauche et ceux à droite, des différents paysages, des dos d'âne, des feux rouges, des ronds-points, des terrains glissants, sablonneux, rocailleux, des crevaisons de pneu, des pannes sèches, des pannes de moteur, des accidents, des bonnes et des mauvaises rencontres, des surprises agréables et celle désagréables, des bouchons, etc.

Le champion rencontrera aussi des situations similaires dans son parcours : le haut et le bas, le blocage, la défaite, la chute, la moquerie, la jalousie, le bâton dans les roues, les peaux de banane, la critique, le rejet, l'abandon, la confusion, la faiblesse, le découragement, la fatigue, etc.

Face à ce qui précède il est important de considérer que toute personne qui poursuit un objectif est censée rencontrer ces réalités. Il est lâche de les éviter ; le profil Champion les affronte plutôt avec courage et détermination. Et pour y arriver, il faut un certain état d'esprit définit comme suit :

- Savoir qu'on n'est pas le premier à rencontrer ces circonstances ;

- Avoir un objectif clairement identifié et être déterminé à poursuivre jusqu'au bout.

## III.4. PARCOURS D'UN CHAMPION

Aucun champion n'est né champion, il l'est devenu. Cela signifie qu'il a dû parcourir un certain nombre d'éléments repartis dans le temps et dans l'espace pour y parvenir.

Dans le temps, il devra tout d'abord choisir son domaine de prédilection, aimer ce qu'il a choisi de faire, disposer de son temps pour l'apprentissage et/ou la formation adéquats, s'approcher des différentes personnes évoluant dans le domaine qui est le sien, les interroger sur des questions pertinentes, réunir tous les supports tant audio, visuels que matériels permettant de revivre les exploits des précédents champions de renom, accepter d'affronter les différentes batailles rencontrés, s'efforcer de se relever après chaque rechute, persévérer jusqu'au bout.

Dans l'espace, il sera ici question de viser loin, c'est-à-dire faire en sorte que le succès à venir porte sur une grande étendue géographique, aller à la rencontre des grands dans ce domaine, qui sont repartis au travers le monde, etc.

Considérant le champion comme étant un arbre, son parcours passe par quatre grandes phases tirées de la vie évolutive d'une plante. Il s'agit de l'enterrement, la croissance, la production et enfin la reproduction.

- L'enterrement : Toute graine plantée dans la terre disparait pendant un temps, donnant l'impression d'être oubliée. Mais en vérité c'est pendant ce temps que des grands changements métaboliques s'effectuent. Et au bout de quelques jours c'est un petit rejeton qui sortira de la graine et apparaîtra au-dessus du sol.

Le mot qui conviendrait le mieux à ce niveau est l'effacement. Autant que cette graine a subi l'enterrement, il convient à tout champion de commencer quelque part en secret. A ce niveau il est question de travailler durement sa personnalité, ses potentialités, à l'exemple de David que Dieu préparait à la fonction de roi tout en le façonnant dans la bergerie jusqu'au moment fixé. Ne jamais négliger les faibles commencements, Dieu détient le secret de votre destinée.

Parlant de Jésus, le prophète Esaïe dit : « il s'est élevé comme une faible plante, un rejeton qui sort d'une terre desséchée ; il n'avait ni beauté, ni éclat pour attirer nos regards et son aspect n'avait rien pour nous plaire. Esaïe 53 : 2. Et pourtant c'est bien Jésus qui devint le Roi des rois et le Sauveur de l'humanité.

- La croissance : Très souvent celle-ci dépend directement du travail d'entretien, d'émondage et d'arrosage effectué sur la plante. « Dis-moi ce que tu fais je te dirai ce que tu seras ». Tenez, rien n'est donné gratuitement sur cette terre, tout est fonction de l'ardeur et du sérieux mis au travail !

C'est ici le temps de se façonner par la lecture, la recherche, l'apprentissage ou autre exercice opportun, tout en ayant une attention particulière sur ce que l'on a comme potentialité et/ou aptitude. Les fréquentations jouent pour beaucoup dans le type de personne à devenir. Veux-tu devenir un footballeur, alors fréquente les grands footballeurs et apprends d'eux. Veux-tu devenir un mécanicien, alors il faut plus passer son temps dans des garages et apprendre. Veux-tu devenir un bon avocat, alors il faut beaucoup lire des ouvrages de droit, échanger beaucoup plus avec les grands avocats, passer beaucoup de temps à suivre divers procès, etc. « dis-moi qui tu fréquentes je te dirai qui tu seras » dit-on.

- La production : La plante à maturité produit des fruits pour le bien de tous. Maintenant est venu le temps de jouir à fond du fruit de son travail. Et cette étape de production est considérée comme celle où l'on se sent comblé, épanouis, confiant, en sécurité, bref stable. Par ailleurs, Il y a quelques vérités à souligner en rapport avec cette étape de production :

- Autant un arbre fruitier n'a pas besoin de faire sa publicité, autant un champion n'en aura besoin, car ses œuvres feront parler de lui.

- Autant un arbre fruitier ne mangera jamais de sa propre production mais plutôt les oiseaux, les humains et autres ; autant un champion ne vivra pas pour lui-même mais pour les autres aussi. Il devra être en mesure de mettre sa production au profit de l'humanité. Sinon, où serait le bonheur à vouloir jouir tout seul de ses avoirs. Selon qu'il est écrit : Il y a plus de bonheur à donner qu'à recevoir. Actes 20 :35

- Autant un arbre sert de refuge aux oiseaux pour ses feuillages et, de rafraichissement aux humains pour son ombrage, autant un champion devra servir de refuge et d'ombrage à ses contemporains.

- Autant un arbre peut servir d'indice ou de référence pour déterminer une adresse quelconque, autant un champion devra être une référence, un modèle de vie, un modèle de succès et de réussite pour les autres.

- La reproduction : Une plante mature doit être en mesure de se reproduire afin de perpétuer sa race. Et cette reproduction n'est possible que si ladite plante possède un pouvoir reproducteur, c'est-à-dire qu'elle devra être fertile.

Tout homme sur la terre a un avant et un après lui. Il hérite pour faire hériter. C'est pourquoi un champion est appelé à en créer d'autres ; autrement il ne vaut pas car, il n'y a pas de succès sans successeur, dit-on.

# CONCLUSION

Plaise à l'Eternel Dieu de faire grâce à une nouvelle race de jeunes et des personnes parmi lesquels les lecteurs de ce livre, à pouvoir mener un parcours de champion et arriver jusqu'au bout de leur rêve.

Plaise au Seigneur de soutenir vos efforts déployés dans la réalisation des objectifs

Plaise à Dieu de pourvoir à tout ce qui vous manque pour enfin atterrir

Plaise à Dieu de vous permettre de jouir du fruit de vos efforts

Nous disons qu'aujourd'hui encore il est possible :

- De rêver, de travailler et de voir son rêve se réaliser
- De se fixer un objectif et de l'atteindre
- De se passer de la corruption et de réussir
- De mener une jeunesse pure, exempte des pratiques dégradantes et de toute sorte de déviation
- De se marier vierge ou chaste
- De gagner sa vie honnêtement, etc.

Les considérations ci-dessus nous ont certes beaucoup aidés. Cependant il faudra avouer ici qu'il est plus facile d'en parler que de les vivre. Car en effet, le péché n'a jamais cessé de frapper à la porte de qui que ce soit. Mais, gloires soient rendues au Seigneur car nous sommes plus que vainqueurs en Jésus-Christ.

Pour notre réussite dans la vie, nous devons retrousser les manches et combattre continuellement pour arriver un jour, à parler comme Paul qui dit dans sa deuxième épitre à Timothée 4 : 7 : « J'ai combattu le bon combat, j'ai achevé la course, j'ai gardé la foi. »

Printed by Books on Demand GmbH, Norderstedt / Germany